Ursula Weiher

Was ich dir über Sylt noch erzählen wollte

Dieses Büchlein ist für Johannes,

ohne den es nicht entstanden wäre

www.tredition.de

© 2021 Ursula Weiher
Aquarell auf der Titelseite: Ursula Weiher

Verlag und Druck:
tredition GmbH, Halenreie 40-44, 22359 Hamburg

ISBN
Paperback: 978-3-347-28475-3
Hardcover: 978-3-347-28476-0
e-Book: 978-3-347-28477-7

Inhaltsverzeichnis

Der fünfte Schöpfungstag

Ich sitze bei Ebbe am Wattenmeer auf Sylt und denke darüber nach, warum es mich immer wieder hierherzieht. Erinnerungen an die Jugend, an frühere Zeiten, als die Welt noch in Ordnung war? Das Wattenmeer ist schließlich Weltnaturerbe.

Doch mein Sinnen geht weiter zurück, viel weiter: zum fünften Schöpfungstag.

Das Licht und der Himmel sind schon erschaffen, noch ganz groß und unverbraucht. Das Meer ist schon da - weit bis zum Himmel. Und gerade erhebt sich die Erde aus dem Meer, noch ganz nass und leer – Sand und Sonne. Erste Pflanzen sind auch schon da – noch keine Bäume, aber Schilf und Rosen, Schafgarbe, Rainfarn und Strandnelken.

Es gibt auch schon Schmetterlinge und die Bewohner der Meere: Fische und Schnecken und Muscheln. Die Vögel sind schon erschaffen: Silbermöwen kreischen, Lachmöwen lachen, der Austernfischer ruft, der Rotschenkel trällert, kleine Limikolen rennen über den Sand.

Aber es gibt noch keine Säugetiere. Niemand bellt, muht oder schreit in sein Handy.

Ich sitze ganz still und bewege mich nicht, um Gott nicht zu stören. Ich gehöre nicht hierher. Eigentlich will Er mich ja erst morgen erschaffen.

Die Heide-Marie

Wenn du von der Vogelkoje zum Klappholttal gehst oder von dort auf dem Fahrradweg Richtung Süden bis Kampen oder Richtung Norden bis List, so siehst du zu beiden Seiten Dünenhänge, die mit Heidekraut und Krähenbeere bewachsen sind, und dazwischen gibt es viele breite oder schmale Sandwege. Wenn du diese Wege ausprobierst, merkst du, dass sie nirgendwo hinführen – jedenfalls nicht nach menschlicher Logik. Die Heide-Marie hat sie angelegt.

Die Heide-Marie lebte früher in der Lüneburger Heide. Doch seitdem dort Kartoffeläcker, Buchweizen und Tourismus die Herrschaft übernommen haben, ist sie nach Sylt ausgewandert. Hier gibt es noch große Heidegebiete: das Listland, die Braderuper Heide, die Geesthöhe zwischen Watt und Weststrand: alles Naturschutz-gebiete.

Im Winter schläft die Heide-Marie in einer der vielen windgeschützten Kuhlen zwischen hohem braunem Heidekraut. Wenn es Anfang Mai warm wird, erwacht sie, und ihr Blick fällt auf die braunen, wie tot aussehenden Büsche. Dann erweckt sie sie mit ihrem Liebesblick zu neuem Leben: Die Glockenheide beginnt zu blühen mit Tausenden leuchtend rosa Glöckchen, die viel größer sind als die der Besenheide.

Du kannst die Blütenpolster schon vom Weg aus erkennen, wenn du vom Nordausgang des Klappholttals zum Meer gehst. Die Heide-Marie ist gut ausgeschlafen und wandert durch alle feuchten Täler, und jeder Busch, den sie liebend ansieht und streichelt, wird rosa.

Ende Mai und im Juni macht sie Pause, denn dann brüten die Vögel zwischen dem Heidekraut: die Brandgänse, die Silber-möwen und auch die Dorngrasmücken, die Weidenlaubsänger und viele andere. Und die darf man nicht stören.

Wenn dann Ende Juli die Jungvögel den Abflug üben, geht die Heide-Marie wieder ihre Sandwege ab. Jeder führt zu einem

Heidekrautpolster, und unter ihrem liebenden Blick erblüht die Besenheide, die Calluna vulgaris. Jedes Lebewesen braucht Liebe, um zu blühen, daher die vielen schmalen Wege. Im August ist die ganze riesige Fläche mit Dünenhügeln und weiten Tälern in ein leuchtendes Rosa-Lila getaucht. Ein unwirklich zauberhafter Anblick. Du musst unbedingt einmal im August hierherkommen. Dieses Blütenmeer gibt es nur hier.

Für die Heide-Marie wird es immer anstrengender. Der Tag beginnt um vier Uhr früh und dauert bis nachts um elf. So lange ist es hell. Auch Liebe kann anstrengen. Wenn dann Mitte August die ersten Graugänse schreiend über die Heide fliegen und die Zugvögel von Norden gen Süden ziehen, wird die Heide-Marie müde. Sie legt sich immer häufiger in eine windgeschützte Mulde und schläft. Dann hört das Heidekraut auf zu blühen und wird braun – ein Busch nach dem anderen. Der Herbst beginnt. Die Krähenbeere gewinnt die Oberhand, und alles wartet: zuerst auf die Ruhe des Winters, dann auf die neue Liebe und Wärme des nächsten Frühlings.

Die Quecke

Ich denke, du kennst die Quecke auch. Wie alle Menschen, die einen Garten haben. Sie ist ein gefürchtetes Unkraut, das man nicht loswird. Man kann es jedes Frühjahr ausreißen und alle Wurzeln entfernen - es wächst wieder nach. Eine Art davon wächst sogar in der Sahara auf den wasserlosen Sanddünen, denn die Wurzeln können 30 Meter tief in den Boden hinabreichen und so zum nötigen Wasser kommen.

Hast du einmal überlegt, warum es *die* Quecke heißt? Alle anderen Grasarten sind männlich: *der* Fuchsschwanz, *der* Strandhafer, *der* Strandroggen, *der* Rotschwingel – oder sächlich: *das* Pfeifengras, *das* Knäuelgras.

Auf Sylt gibt es natürlich die Quecke auch, und da sie hier die Dünen befestigt, wird sie nicht ausgejätet, sondern darf wachsen. Sie bildet bis fast zwei Meter lange Triebe, die wie mit dem Lineal gezogen im Sand entlang alle 10 cm kleine grüne Büschel ans Licht heben. Dazu sagt man hier *„die Nähmaschine Gottes“.*

Ich habe mich neben solch eine Reihe gesetzt und die Quecke nach ihrer Herkunft gefragt. Wenn man lange genug wartet, kriegt man immer eine Antwort – von jedem Lebewesen.

Die Quecke war einst eine junge Frau, sie war schön, anmutig und intelligent. Sie hatte studiert, alles stand ihr offen. Sie konnte sich nur nicht entscheiden, was sie in ihrem Leben tun wollte. Da erschienen ihr eines Abends in der Dämmerung zwei Gestalten, eine etwas dunkler als die andere. Die Dunkle sagte: *„Komm mit mir! Ich mache dir die ganze Welt untertan und lasse dich alles erleben, was es gibt, und ich schenke dir die Unsterblichkeit“.* Die helle Gestalt sagte: *„Die Unsterblichkeit hast du auch, wenn du mir folgst. Aber ich weiß besser als du, was du brauchst, und werde dir deinen Platz im Leben zuweisen mit allen Freuden und Schwierig-keiten und Grenzen, und ich werde immer bei dir sein“.* Die Quecke zögerte ein Weilchen und folgte dann der dunklen Gestalt.

Sie erlebte alles, was die Welt zu bieten hatte: Lachen, Rausch, Ekstase, Hingabe, Bewunderung, Macht. Sie wurde gefürchtet und bewundert. Aber die Welt bot ihr auch Verlassenheit, Einsamkeit und Trauer, Leid und Verfolgung, Folter und Schmerz, Vergewaltigung und Hunger und das Gefühl der Verlorenheit und Sinnlosigkeit. Da erkannte sie, dass sie den falschen Weg gewählt hatte, und rief, flehte, schrie nach einer Hilfe. Aber die dunkle Gestalt blieb verschwunden. Sie war allein.

Doch dann erschien die helle Gestalt und reichte ihr die Hand. „*Es gibt immer einen Weg zurück*", sagte sie. „*Wenn du bereust, kannst du umkehren*". Die Quecke neigte sich demütig. Und nun erhielt sie ihren Platz. Sie bietet nur wenigen Lebewesen etwas an: einigen Fliegen und Schmetterlingen, einigen Würmern. Von den meisten Menschen wird sie getreten. Aber ihre Wurzeln reichen tief hinab zum Wasser des Lebens, und ihre Triebe strecken sich empor zum Licht der Welt. Sie hat eine Aufgabe: den rieselnden Sand festzuhalten und zu bewahren. Und sie ist unsterblich.

Setz dich auch einmal in den Dünensand am Klappholttal und sieh dir die *„Nähmaschine Gottes"* an, wie sie den losen Treibsand festhält für andere Pflanzen: Glockenblumen und Hornklee und Rosen.

Die Federballmöwe

Es gibt auf Sylt viele Möwenarten, und da sie nicht scheu sind, kannst du sie gut beobachten. Die kleine Lachmöwe mit ihrem schwarzen Käppchen auf dem Kopf ist sonst ganz weiß und tritt in Schwärmen auf. Die größere Silbermöwe ist ausgewachsen weiß mit wenig schwarzen Federn an den Flügelspitzen und am Schwanz. Ihre Jungen aber – obwohl schon so groß wie die Eltern – sind dunkel und werden erst im dritten Lebensjahr ganz weiß. Noch größer sind die Sturmmöwen und die Heringsmöwen. Alle kannst du am besten auf der Wattseite beobachten, wo sie besonders bei Ebbe nach Futter suchen: nach Schnecken und Muscheln. Manchmal trampeln sie mit beiden Beinen auf den Sand und springen dann ganz schnell zurück, um zu schauen, ob sich ein Wurm oder eine Schnecke hat hervorlocken lassen. Alle Möwenarten respektieren einander.

Früher gab es noch die Federballmöwe. Sie war nur etwas größer als die kleine Lachmöwe, aber hatte schwarze, schwarzweiß gescheckte oder gestreifte Federn und konnte sich so aufplustern, dass sie wie ein großer schwarzer Federball aussah. Das fand sie einmalig und schaute deshalb hochmütig auf alle anderen Möwenarten herab. Wenn sie im Watt landete, schrie sie *„Weg da, weg da!"*, und die meisten anderen Möwen wichen ihr aus, da ihnen das Geschrei zu dumm war – es gab ja genug Futter für alle. Die Federballmöwe jedoch war überzeugt, dass alle anderen sie verehrten oder liebten oder wenigstens fürchteten, und das machte sie so überheblich, dass sie gar nicht bemerkte, dass niemand ihr Freund sein wollte.

Doch sie wurde immer einsamer, und da sie nicht einmal mehr Ihresgleichen lieben konnte, wurde sie immer seltener und schließlich sah man sie überhaupt nicht mehr. Heute gilt sie als ausgestorben.

Wenn Du aber am Klappholttaler Strand die Spülsäume abgehst – das sind die Stellen, wo das Meer bei Flut alles Mögliche ablegt: Muschelschalen, kleine Äste, Schnurreste von Schiffen und Federn - dann wird dir auffallen, dass es kaum weiße Federn gibt, sondern dass die meisten schwarz oder schwarz-weiß gestreift sind. Und es gibt viele davon.

Vielleicht lebt die Federballmöwe doch noch irgendwo? Vielleicht hat es die letzten Exemplare auf eine kleine einsame Insel zwischen Sylt und England verschlagen, die so klein ist, dass sie auf keiner Seekarte auftaucht.

Dort lebt die Federballmöwe nun ganz alleine ohne Freunde, sie gilt als ausgestorben, und niemand vermisst sie. Und das ist die Strafe für ihren Hochmut und ihre Überheblichkeit – und die ist vermutlich noch schlimmer als der Tod.

Der Wellenzähler

In den Sandbereichen der Sahara gibt es außer endlosen flachen Gebieten viele Sanddünen. Sie verändern durch den Sturm ständig ihre Gestalt und Höhe und können innerhalb eines Jahres bis zu sechs Meter weit wandern. Eine dieser Dünen war 308 Meter hoch und blickte auf die anderen herab und zählte sie. Sie sah 305 andere Dünen, alle kleiner als sie. Sie veränderten sich zwar immer wieder ein wenig, aber es blieben 305. *„Es ist so langweilig hier"*, sagte sie zum Sturm, *„immer nur 305 dieser Sandwellen. Warum bleibt es immer so?"* Der Sturm blies ein paar Sandkörner zu ihr hin und antwortete. *„Alles ändert sich dauernd und ist immer wunderschön. Siehst du das nicht?"*

Die hohe Sanddüne sah sich erstaunt um. Wunderschön? Alles war immer so: nichts Neues! Wenn doch ein paar Dünen verschwänden oder höher würden oder neue dazukämen, dann würde der Wert steigen. Aber so ist es einfach langweilig. *„Du bist eben zu jung"*, sagte der Sturm. *„Früher war hier ein Meer von Wasser, das warf Tausende von Wellen heran."* *„Was ist Wasser?"*, fragte die Düne interessiert. Tausende von Wellen? Dann könnte sie zählen, rechnen, berechnen, bewerten. Der Sturm heulte laut auf: *„Wasser ist Leben. Aber das kann ich dir nicht erklären. Darin wohnten Muscheln und Schnecken und Fische. Sie sind jetzt alle versteinert."* *„Gibt es anderswo noch Wasser und Wellen?"*, fragte die Düne. *„Oh ja"*, säuselte der Sturm, *„weit im Norden!"* *„Bring mich hin"*, befahl die Düne. *„Gern!"*, antwortete der Sturm, *„Es geht ganz schnell. Ich kann dich Körnchen für Körnchen hintragen. In ein paar hundert Jahren bist du auf Sylt."* *„Dann fang an"*, sagte die große Düne ungeduldig. Und der Sturm fing an. Immer wieder trug er Sand und feinsten goldfarbenen Staub gen Norden. Etwas davon verlor er unterwegs. So entstanden die Lößablagerungen des Kaiserstuhls, und später puderte er auch Autos gelb ein. Aber das meiste brachte er nach Sylt und legte den Sand dort zwischen den anderen Dünen ab, die sowieso schon dort lebten, weil sie hier aus dem Meer gestiegen waren.

Als die Sahara-Düne groß genug geworden war, um all die anderen zu überschauen, sah sie das Meer. In riesigen Wellen kam es heran, rollte auf dem Sandstrand aus und verschwand, und eine neue Welle kam heran. Die Sahara-Düne war begeistert. *„Die kann ich jetzt alle zählen.", beschloss sie. „Dann wird es mir nie wieder langweilig!" „Ist das Meer nicht überwältigend schön?",* raunte leise der Sturm, der plötzlich ganz andächtig still geworden war. Doch die Düne begann *„Eins, zwei, drei, vier ..."* und sah auf die anderen Dünen um sich herum herab. Die lagen schweigend da, wie sie strahlend hell, aus gelbem Sand, aber sie zählten nichts. Sie blinzelten auf das anrollende Meer und schienen nichts zu denken, nichts zu berechnen.

Als die Sahara-Düne bei 135 345 186 angekommen war, wurde sie müde und nickte ein wenig ein. Beim Aufwachen merkte sie, dass sie einige graugrüne Stellen an sich hatte – und die anderen Dünen auch. *„Was ist das für Dreck?“*, fragte sie empört den Sturm, der gerade ruhte. *"Das ist kein Dreck."*, antwortete er. *„Es gibt keinen Dreck! Das ist Strandhafer, der befestigt die Dünen.“* *„Dann kannst du mich aber nicht mehr wegtragen, wenn ich mit dem Zählen fertig bin!“*, empörte sich die Düne. *„Ich will doch weiter!“ „Wozu willst du weiter?“*, fragte der Sturm.

Die Düne zählte weiter: 135 345 187, 135 345 188 ... Bei 285 416 318 wurde sie wieder müde. Als sie den Sturm hörte, rief sie und fragte: *„Wie lange rollt denn das Meer noch so weiter an? „Ich weiß es nicht“*, antwortete der Sturm, *„vielleicht noch ein paar Millionen Jahre.“* Die Düne erschrak: *„Das wäre aber langweilig!“*, sagte sie. *„Nein, das ist ein Wunder“*, erwiderte der Sturm. *„Alles, was Gott geschaffen hat, ist ein Wunder. Du hast dich nur daran gewöhnt und findest es deshalb langweilig.“* *„Trag mich anderswo hin!“*, fauchte die Düne, *„hier werde ich immer grüner.“ „Du bist schon braun“*, antwortete der Sturm, *„Heidekraut und Krähenbeere* *wachsen auf dir. Du bist jetzt hier und wirst alt"*. Die Düne sah an sich herab. Sie sah aus wie alle anderen um sich herum. Alle waren braun bewachsen. *„Dann zähle ich eben weiter"*, beschloss die Düne. *„285 416 319 …"*

Sie ertappte sich bei dem Gedanken, dass diese Zahlen vielleicht gar nicht wichtig waren für das Leben – weder für ihr eigenes noch für das der anderen Dünen noch für das des Meeres. Nichts braucht gezählt zu werden, damit es weiterbesteht. Doch die Düne konnte nicht aufhören zu zählen.

Wenn du die Düne hören willst, lausche ein wenig auf ihre Stimme. Es ist die große Düne gleich links vom Klappholttal. Und wenn du sie nicht zählen hörst, kann es sein, dass sie gerade wieder ein wenig eingenickt ist. Manche Dünen sind nämlich unbelehrbar. Sie müssen weiter zählen, obwohl sie wissen, dass alles Zählen sinnlos und alles Leben, das Wasser und der Sand und der Sturm unzählbare Wunder sind.

Der kleine Buhn

Rund um die Insel Sylt gibt es Buhnenreihen. Man sieht sie schon vom Zug aus zu beiden Seiten des Hindenburgdammes. Dort sind sie ziemlich neu: Der Damm wurde 1928 erbaut, und die Buhnen – Reihen von eingepflockten Baumstämmen – wurden damals in den Sand und Schlick gerammt, um auf der Wattseite Land zu gewinnen und auf der Meeresseite den Damm vor den angreifenden Wogen zu schützen. Anderswo begann man schon 1867 mit ihrer Erbauung. Die Landgewinnung gelang. Zwischen ihren Reihen sammelte sich Sand und Schlick an, Gras wuchs und Schafe konnten weiden. Zum Schutz der Sandstrände vor dem offenen Meer eigneten sie sich weniger. Neuartige Verwirbelungen und Querströmungen entlang zum Strand spülten mehr Sand weg als je zuvor. Nach 1968 hörte man mit ihrem Bau auf. Sie sind so nur noch eine nostalgische Erinnerung.

Durch Sturm, Salzwasser und Sonne sind die Holzpflöcke alt geworden, manche zernagt, manche mit Miesmuscheln oder Tang bewachsen, manche hellgrau vom abgelagerten Salz und ihrem Alter. Nahe bei ihnen soll man nicht schwimmen oder baden. Eine plötzliche Welle könnte einen auf die unter Wasser unsichtbaren Stämme schleudern.

Im Klappholttal werden die Buhnenreihen oft von aufgespültem Sand zugedeckt, doch die nächste Sturmflut spült sie wieder frei. Ich setze mich oft zwischen sie, lehne den Rücken an einen dieser alten Stämme und schaue sie an: Jeder sieht anders aus.

Da steht vor mir ein großer, wohl 1½m hoher, noch dunkelbrauner. Oben sind noch Reste von Seitenästen zu sehen. Neben ihm ein etwas kleinerer, die Zeit hat die Astansätze silbern gefärbt, so dass er aussieht, als trüge er einen Umhang mit hellen Tupfen. Neben ihm ein kleinerer, nur einen halben Meter hoch – hat er ein Gesicht? Der kleine Buhn steht ruhig neben seinen Eltern. Ich lausche, was sie ihm erzählen. Alle Dinge erzählen, wenn man sich die Zeit nimmt, ihnen zuzuhören.

Sie wussten, dass vor langer Zeit hier kein Meer war. Eine riesige Steppe dehnte sich aus vom jetzigen Dänemark bis nach England. Rentiere und Mammute wanderten darüber hin und grasten, und Menschen waren noch nicht zu sehen. Daher herrschte Frieden. Zu anderen Zeiten lag alles hier unter einer dicken Eisschicht, die kein Leben erlaubte, nicht einmal einer Möwe oder einem Grashalm.

Dann kam das Meer, zunächst blieb es noch weit draußen. Aber es nagte immer mehr vom Land ab, und schließlich begannen die Menschen, die nun schon in großen Mengen hier lebten, sich gegen das Meer zu wehren und bauten Buhnen. Menschen sind seltsame Wesen. Nie gefällt es ihnen, wie es ist. Sie hatten die endlose Steppe nicht gemocht, sie hatten auch das Eis nicht geliebt, und sie wehrten sich auch gegen das Meer. Sie können nicht akzeptieren, dass Leben Veränderung bedeutet, dass alles wird und vergeht und wieder neu entsteht.

Menschen benehmen sich immer so, als sei nur das wichtig, was sie gerade haben und brauchen und merken nicht, dass sie gerade mit dieser Haltung alles vernichte, was sie erhalten wollen. Sie haben keine Demut vor der Natur, vor der Zeit und vor der Schöpfung. Sie wollen alles beherrschen, ohne abwarten zu können.

Der kleine Buhn hatte von seinen Eltern gehört, dass seine ganze Familie einmal ein Wald gewesen war. Seine Urgroßeltern lebten damals noch. Sie waren mächtige alte Buchen, die ihre Wipfel schattenspendend über den Waldboden ausstreckten, auf dem im Frühjahr, wenn sie noch keine Blätter trugen, Anemonen blühten, Blausternchen und Bärlauch. In ihren Kronen brüteten und sangen Meisen, Grasmücken und Laubsänger. Einige ihrer Vorfahren waren schon kahl und dürr, und in ihren Stämmen hatten Buntspechte Höhlen gebaut, so viele, dass in einigen auch Meisen und Kleiber wohnten.

Des kleinen Buhns Eltern freuten sich darauf, auch einmal so vielen anderen Lebewesen Heimat sein zu dürfen. Dann kamen Menschen und sägten alle Bäume ab. Doch sie waren geduldig. Sie vertrauten darauf, dass ihr Leben dann eben einen anderen Sinn haben würde, als sie es gedacht und gewünscht hatten. Sie wurden abtransportiert und dann hier als Buhnen verbaut. Sie wussten von anderen Wäldern, die abgeholzt wurden, weil Menschen auf dem dann freien Feld Ölpalmen anbauten oder Sojabohnen. Diese Bäume wurden einfach verbrannt. Da hatten es die Buhnen doch besser, auch wenn sie nicht verhindern konnten, dass das Meer sich die Insel immer mehr holen würde. Große Teile hatte es schon. Aber die Buhnenstämme wussten, dass auch die Menschen nicht das bekommen, was sie erträumt hatten und dass sie auch alle einmal sterben würden.

Der kleine Buhn stand nun schon sehr lange neben seinen Eltern und blickte wie sie auf die Buhnenreihe gegenüber, auf der anderen Seite. Buhnen werden immer in zwei Reihen mit einem Abstand von etwa zwei Metern gesetzt, so dass es aussieht, als sei ein Weg zwischen ihnen. Wohin?

Einmal würden auf diesem Weg vielleicht wieder Rentiere nach England wandern.

Oder das Meer würde zurückkommen und sie alle und die ganze restliche Insel Sylt verschlingen. Oder einmal würden Menschen auf diesem Pfad gen Westen wandern, weil ihr Land sie nicht mehr ertragen konnte. Aber das alles lag in ferner Zukunft, und die Zukunft kennt keiner außer der Eine, der alles weiß - auch, warum Er Erde und Meer, Werden und Vergehen, Geburt und Tod gemacht hat.

Der Eisriese

In der Nacht vom 21. auf den 22. Februar findet auf Sylt, also auch im Klappholttal, das große Fest des Biikebrennens statt. Die Biiken sind ein möglichst hoher Stapel aus Holz, der am Abend angezündet wird. Früher war das Biikefeuer ein Opfer für die Götter des Winters. Und das Holz war ein echtes Opfer, denn auf Sylt gab es keinen Wald, sondern nur das angeschwemmte Holz von verunglückten Schiffen. Jetzt nimmt man Obstkisten und vor allem die ausgedienten Weihnachtsbäume, die gut brennen, und man denkt wohl auch nicht mehr an Odin, den Gott der Germanen, auch nicht an ausfahrende Walfänger wie vor einigen Jahrhunderten, die im Feuer einen Abschiedsgruß sahen, der vor dem gefährlichen Unternehmen der letzte ihrer Lieben sein konnte. Heute ist es einfach ein tolles Fest.

Ich war auch schon mehrmals dabei. Einmal war das Wetter grau und nass, ein andermal schien warm die Sonne, und die ersten

Blüten des goldgelben Stechginsters öffneten sich bereits. Einmal aber war es bitterkalt, alles war vereist, und der Sturm heulte.

Offenbar hatte der Eisriese Erlaubnis bekommen, Sylt wieder einmal zu besuchen. In alten Zeiten hatte er hier ständig gewohnt. Sylt war damals Festland gewesen und hatte unter einer dicken Eisschicht gelegen, und es hatten noch keine Menschen hier gewohnt. Der Eisriese gehörte zum Geschlecht Himirs, des ersten Eisriesen, den die Urkuh Audhumla aus dem unendlichen Eis geleckt hatte.

Auch sein Gegenteil und Bruder, der Feuerriese Surt, war damals entstanden. Er wohnte in Muspelheim und ließ die Erde immer wieder aufplatzen, so dass ihr glühendes Inneres ans Licht kam und die Lava alles mit sich riss, was ihr in den Weg kam. Für Surt war dieses Feuer das Schönste, was er sich vorstellen konnte.

Für den Eisriesen aber waren das Eis und die Kälte das Schönste. Und so ließ er, als ich vor einigen Jahren dort war, die Nordsee gefrieren. An der Wattseite trieb jede Flut neue große Eisschollen an den Strand und stapelte sie aufeinander. Die Ebbe nahm sie nicht mit zurück. Nach und nach entstand eine Mauer von über vier Metern Höhe, und die kalte, helle Morgensonne leuchtete silberfarben in die Stapel aus Eis. Auf der Seite des offenen Meeres hingegen trieb der Eisriese das Meer in Riesenwellen an den Strand, wo es meterweise die Sandböschungen abriss und mit sich nahm, oft die Steilhänge unterhöhlte und darüber eine Eisschicht bildete. Wenn die Nachmittagssonne einige Stunden auf die Steilküste schien, schmolz etwas vom Eis und bildete meterlange Eiszapfen, die herabhingen und silberhell die Sonnenstrahlen zurückwarfen.

Der Eisriese freute sich an diesem zauberhaften Anblick, und einige Menschen gingen am Strand entlang und fotografierten die Traumbilder.

Mitten durch die Insel hatten die Menschen eine Art Strich von Nord nach Süd gezogen, auf dem kroch früher ein Zug wie eine schwarze Raupe immer hin und her. Jetzt fuhren auf dem Strich viele Menschen auf zwei Rädern völlig sinnlos immer von Nord nach Süd und zurück. Der Eisriese lachte über sie und pustete kurz über den Strich - da wurde er zu einer Eisbahn, und die Menschen fielen auf die Nase oder das Hinterteil, und der Leiter des Klappholttales ließ ein Schild aufstellen: *„Radweg gesperrt"*.

Ein ähnlich albernes Schild stand unten an der *„Brücke"*, der Treppe vom Klappholttal über die Dünen zum Meer. Hier hatte der Eisriese immer wieder Meereswogen hinüberschwappen lassen, die dann gefroren, so dass die Treppe aussah wie ein gefrorener Wasserfall. Auf dem Schild stand: *„Benutzung der Treppe verboten"*.

Der Eisriese lachte. Noch immer war er der Stärkere, auch wenn die Menschen an ihn und seinen Bruder Surt schon lange nicht mehr glaubten. wie an Odin auch. Sie hatten einen anderen Gott, von dem sie erzählen, er wolle den Frieden und dass jeder seinen Nächsten liebe. Sie bauten ihm Kathedralen mit hohen Türmen, weil er im Himmel wohne, und beteten zu ihm. Aber sie taten das genaue Gegenteil von dem, was er wollte: Sie führten Kriege gegeneinander, schlugen sich die Schädel ein und zerstörten einander ihre Häuser und Länder.

Jetzt heißt ihr Gott „*Klima*". Er fordert, dass alle Menschen genügsamer leben und ihre Umwelt, die Tiere und Pflanzen und die ganze Schöpfung nicht zerstören. Aber sie machen nur lange Prozessionen für diesen Gott und riesige Open-Air-Gottesdienste mit Predigten und Gebeten. Aber sie handeln wieder genau entgegen seinen Anweisungen.

Die Menschen glauben eben doch an keinen Gott. Sie sind schon seltsame Lebewesen. Der Eisriese musste wieder über sie lachen, und sein Atem blies in das riesige Bikefeuer, das ein Grüppchen Menschen mit Fackeln angezündet hatte. Sie schrien erschrocken auf und riefen: „*Hoffentlich kein Orkan wie Lothar zu Weihnachten 1999. Der hat so viel vernichtet!*"

Der Eisriese wurde nachdenklich. Vernichtet? *Er* vernichtete nichts. Er vertrug sich mit seinem Bruder Surt, dem Feuerriesen. Beide ließen einander gelten, auch wenn sie verschiedene Ansichten hatten. Sie beide, Feuer und Eis, gehörten zueinander wie Hitze und Kälte, Sommer und Winter, wie Mann und Frau, wie Leben und Tod.

Er blies noch einmal kalte Luft vom Norden in die hohe Glut der Biike, so dass die Flammen mehrere Meter gen Süden bis zum Boden schlugen und an der vereisten Fläche leckten. Wieder schrien die Menschen auf. Aber das Feuer taute das Eis nicht auf, und das Eis löschte nicht die Flammen.

Nur Menschen achten nicht das Spiel der Gegensätze. Sie wollen vernichten, was anders ist als sie selber. Doch allen Göttern sei Dank: Die Menschen werden es nicht schaffen, auch wenn sie sich bei dem Versuch noch so unglücklich machen.

Die Pucken

Den Bericht über die Pucken habe ich vor einigen Jahren vom Leiter des Klappholltales erhalten. Und da dieser fast 25 Jahre lang der *Akademie am Meer* vorstand und außerdem Geschichte studiert hat und mit vielen alten Syltern bekannt oder befreundet ist, die ihm von den Pucken erzählt haben, gehe ich davon aus, dass seine Ausführungen authentisch sind, und du kannst sie auch glauben.

Die Pucken lebten schon auf Sylt, bevor es hier Menschen gab. Sie wohnten in Höhlen vor allem am Morsum-Kliff. Archäologen und auch normale Menschen haben Spuren von ihnen gefunden, vor allem ihr Geschirr: Schalen, Schüsselchen, Trinkgefäße. Nach der Größe zu urteilen, waren Pucken menschenähnlich, aber viel kleiner. Sie erreichten etwa die Größe eines vierjährigen Kindes und sollen nach Erzählungen alter Sylter derbe Hosen, warme Pullover und eine Strickmütze getragen haben. Ihr Geschirr ist rotbraun und aus einer Art Ton mit Metalleinschlüssen getöpfert. Der Akademieleiter hat mir selbst damals ein Schälchen aus dem Sand geholt und geschenkt, und ich habe seitdem immer wieder, wenn ich an das Morsum-Kliff kam, Becherchen und Teller gefunden. Es gibt moderne Wissenschaftler, die die Entstehung des Puckengeschirrs geologisch-physikalisch- naturwissenschaftlich erklären wollen. Aber denen musst du nicht glauben.

Die Pucken lebten noch, als in Keitum die reichen Häuser gebaut wurden, und besuchten dort die Menschen. Sie machten sich in den Gärten nützlich, hüteten die Gänse, passten auf, dass kein Brand auf den Reetdächern ausbrach und nahmen so den Menschen viele Sorgen ab. Dafür erhielten sie für kalte Tage und Nächte Unterschlupf. Du kannst in den alten Keitumer Häusern noch oft ihre kleinen Türen über der Eingangstür für Menschen sehen. Zum Dank für ihre Zuneigung stellten ihnen die Menschen abends eine Schüssel Milch und einen Teller mit Brot oder Kuchen vor die Haustür – am Morgen war alles leer. Die

Pucken hatten es gegessen. Ach ja, eine Besonderheit noch: Die Pucken sind unsterblich. Man hat nie Gräberreste von ihnen gefunden.

Als dann im Laufe der Jahre die Menschen immer mehr den Blitzableitern, den Versicherungen und der Polizei vertrauten, fühlten sich die Pucken überflüssig und zogen weg. Jetzt gibt es nur noch wenige von ihnen. Einer wohnt im Klappholttal. Sein Häuschen steht auf einer der höchsten Dünen, von wo er gut ins Tal und in die Weite sehen kann. Über der Eingangstür hat er seinen Namen geschrieben: *„Puck“.*

Wenn er im Sommer lieber draußen in den Rosenbüschen wohnt, darf man sein Häuschen auch an Gäste vermieten. Ich habe schon viermal je zwei Wochen in seinem Haus als Untermieterin verbracht. Wenn man dann abends in der Dämmerung draußen sitzt mit einem Glas Rotwein in der Hand und den Füßen auf dem Steinmäuerchen, auf dem die Rosen wachsen, und auf den Aufgang der Sterne wartet und die Tür offengelassen hat, kann man den Puck hören, wie er drinnen nach dem Rechten sieht: Er klappert mit dem Zahnputzglas, blättert in den Büchern und trägt auch mal die Schuhe anderswohin. Ich lege ihm auch, wie es sich gehört, etwas vor die Tür, bevor ich schlafen gehe. Milch habe ich leider nicht, und Rotwein mag er nicht. Aber etwas Brot oder Kuchen isst er gern – früh ist immer alles weg, der Puck hat es gegessen.

Einmal habe ich ihn sogar gesehen, als er bei Mondlicht in den blühenden Rosenbüschen verschwand. Wenn du mal im Klappholttal übernachten willst, versuche, das *„Haus Puck"* zu mieten. Dann kannst du ihn treffen. Er ist ja unsterblich.

Der einsame Schlappen

Vom Klappholttal führt eine Treppe, die „Brücke" genannt, über die Dünen hinauf und dann hinunter zum Strand. An diesem unteren Ende stellen die Badegäste ihre Schuhe, Sandalen und Schlappen ab, um im Sand barfuß zum Meer zu laufen. Auf dem Heimweg finden dann die meisten ihre Fußbekleidung wieder.

Eines Abends jedoch fand ein Mann nur noch einen Schlappen, so lange er auch suchte. Seine Frau wurde ungeduldig. „Komm", sagte sie, „wir fahren morgen sowieso heim, und die Schlappen waren alt. Du kaufst dir neue!" Sie betonte das Wort „alt", als wäre es etwas Negatives. Auch die Pyramiden sind alt, die Musik von Vivaldi ist alt, Rembrandts Bilder sind alt, das Straßburger Münster …

„Sie waren aus echtem Leder", sagte der Mann. Auch das eine sinnlose Wertung. Der einsame Schlappen hörte das Wort „war!". Er bestand noch immer aus Leder und seine Gefährtin auch, selbst wenn sie zurzeit nicht sichtbar und nicht greifbar war. Vielleicht hatte jemand sie versehentlich mit Sand bedeckt? Das Ehepaar verschwand. Der Abend kam. Alle anderen Schuhe, Sandalen und Schlappen waren weggegangen mit ihren Besitzern, nur der einsame Schlappen lag alleine im Sand. Er merkte, dass er allein war, aber noch mehr erstaunte es ihn, dass er das vorher nicht bemerkt hatte. Er war doch vermutlich seit dem Morgen oder dem Mittag oder dem Nachmittag schon allein. Immer war er mit seiner Gefährtin unterwegs gewesen. Er hatte sich so an sie gewöhnt, dass ihre Gegenwart so selbstverständlich war wie die Luft zum Atmen, wie das Licht der Sonne. Sie hatten kaum noch miteinander gesprochen. Sie war einfach da. Und nun nicht mehr? Doch - sie würde wiederkommen. Es wurde dunkel, und die Erinnerungen stiegen immer heller in ihm hoch. Wie viele Schritte waren sie miteinander gegangen: auf glatten Badezimmerfliesen, auf Beton-Gehwegen, über Meeressand, über Steine, durch feuchtes Gras? Nachts hatten sie eng miteinander, sogar übereinander geruht, unter Betten, in Schränken, auf Teppichen oder auf Steinboden – immer zu zweit. Nun war er allein. Ein einsamer Schlappen ist nutzlos, keiner kann ihn mehr brauchen. Er könnte sich jetzt ausruhen.

Ein heller Schein kündigte den Morgen an. Er blickte in die aufgehende Sonne. Nun würde seine Gefährtin auch erwachen - aber sie war nicht mehr da. Doch er fühlte genau ihre Nähe. Sie konnte nicht weit weg sein. Er war nicht einmal beunruhigt. Auch nicht, als der Tag kam, viele Schuhe und Sandalen sich um ihn häuften und warteten. Abends wurden sie abgeholt. Er hatte mit keinem gesprochen. Etwas Sand lag nun auch auf ihm. Es störte ihn nicht. So würde auch er verschwinden, niemand braucht ihn mehr, keiner vermisste einen einzelnen Schlappen. *„Irgendwann werden sie mich wieder ausgraben"*, dachte er, *„mich und auch meine Gefährtin"*. Jede Nacht, und besonders bei jedem Sturm und jedem Wellenschlag, geriet er mehr unter den Sand. Es wurde nun nicht mehr hell um ihn. Aber er hoffte, irgendwann einmal zusammen mit seiner Gefährtin die Sonne und den Himmel wieder zu sehen. Er hoffte es? Nein – er wusste es.

Die Regenfrau

Sylt, Klappholtal Anfang Februar. Es wird morgens erst nach 9 Uhr etwas hell, und um 4 Uhr nachmittags kommt leise die Nacht. Es regnet. Es ist nicht kalt. Es ist grau und nass. Kennst du das Lied von der Regenfrau? Ich habe es Eva so oft vorgesungen, bis sie es auf dem Klavier spielen und mitsingen konnte.

Der Regen rinnt, der Regen fällt.
Das Meer ist grau, grau ist das Feld.
Die Welt ist öd' und grau.
Im Felde singt die Regenfrau.

Der Regen fällt, der Regen rinnt.
Ich hab' nicht Mann, ich hab' nicht Kind.
Die Welt ist trüb und grau.
Im Felde singt die Regenfrau.

Der Regen rinnt, der Regen fällt.
Ich geh' mit dir ans End' der Welt.
Die Welt ist öd' und grau.
Im Felde singt die Regenfrau.

Das Lied gibt die Stimmung wieder. Nicht nur hier ist es grau und trüb – auch in mir und deshalb überall in der Welt. Ich bin einsam – keinen Mann, keinen Freund, kein Kind – überall Leere und graue Öde. Die Regenfrau schleicht umher, ihr Haar hängt ihr in langen nassen Strähnen ins Gesicht, ihr langes graues Kleid klebt an ihrem Körper und an ihren Beinen, sie singt leise, melodisch und melancholisch, immer die gleichen Töne. Das Meer ist grau wie der Himmel, es gibt keine Grenze dazwischen, wie es kaum eine Grenze zwischen Mittag und Abend gibt. Die Kiefern stehen nass und geduckt in den Sandkuhlen. Vom Deich aus sieht man auf einer Seite ins graue reglose Watt, auf der anderen ins grauschimmernde Marschland. Reglos sitzen weiße Möwen da, sagen nichts, hören der Regenfrau zu.

Ich habe auch schon einen Winter von Weihnachten bis in den Januar hinein im Klappholtal erlebt, da leuchtete den ganzen Tag die Sonne. Der Stachelginster begann zu blühen, die Möwen kreischten, alle Menschen saßen am Strand im Sand, die Cafés waren überfüllt, nirgends war Ruhe.

Erst im folgenden Sommer vermisste man die Regenfrau. Es war trocken, sehr trocken. Neben den Wegen war gelber Sand statt grünem Gras. In den Gärten vertrockneten die Hortensien. Menschen, Tiere und Pflanzen lechzten nach Wasser. Das Meer ist Wasser – aber ein salziges, unerbittliches Nass, das Niemandem außer den Fischen Leben spenden kann.

Ohne die grauen Tage der Sehnsucht gäbe es keine Erfüllung. Ohne Warten auf den Regen kein Blühen. Worauf sollten wir hoffen, wenn wir schon alles hätten? Worum sollten wir beten, wenn wir selbst alles könnten? Wohin wollten wir fliehen aus Einsamkeit und grauer Leere, wenn wir dächten, dass die ganze Welt so grau und einsam ist?

Nur wer die düstere kalte Zeit kennt, kann sich über Wärme und Grün freuen. Ewige Freude zerstört sich selbst. Ewige Jugend nähme dem Leben seinen Wert. Nur der Wechsel von Lachen und Weinen, Tag und Nacht, Hoffnung und Zweifel macht das Leben sinnvoll.

Regenfrau - sei mir willkommen!

Der Herr der Kiefern

Am Anfang des 20.Jahrhunderts versuchte man, die Insel Sylt aufzuwerten. Denn da es damals nur sehr wenige Touristen gab, waren die Menschen arm. Ackerbau war fast nicht möglich. Man versuchte die Insel aufzuforsten und pflanzte zwischen dem Klappholttal und der Vogelkoje viele verschiedene Arten von Kiefern. Kiefern gedeihen im mageren Sandboden und vertragen auch Wind und raues Wetter. Man wollte sehen, welche der fast 30 Sorten am besten gedeihen. Du kannst das Ergebnis noch heute sehen, wenn du auf der Höhe über der Vogelkoje an der Ostseite in Richtung Kampen gehst. Es ist toll: Alle Kiefern sind gewachsen! Es gibt welche mit langen, fast seidigen Nadeln, manche mit stacheligen Nadelbüscheln, manche sind dunkelgrün, andere silberhell. Aber alle sind niedrig gewachsen. Während eine fast hundertjährige Kiefer auf dem Festland 50m und mehr groß ist und sich stolz und gerade in die Höhe streckt, sind die hier klein geblieben.

Einige Bäume wollten natürlich damals auch hoch in den Himmel streben, aber der Herr der Kiefern schickte den Westwind und beugte sie schräg gen Osten. Sie wuchsen krumm. Eine wehrte sich. Du kannst deutlich sehen, wie der Herr der Kiefern sie eines Tages abbrach. Ihr Oberteil liegt noch neben dem Stammrest. Aber aus diesem sprossen neue Äste hervor, wieder strebten sie zum Himmel, wieder wurden sie gebeugt oder gebrochen. Aber der Herr wollte sie nicht umbringen, er wollte ihnen nur Demut beibringen. Es sind wunderschöne Einzelwesen von Kiefern entstanden. Die verschiedenen Äste sind schon dick wie der Stamm eines alten Apfelbaumes, aber sie stehen schräg, manche fast waagrecht, und jeder Baum ist anders als sein Nachbar. Wer nie einen Widerstand erlebt, wen nie der Sturm peitscht, der wird wie alle seine Artgenossen: gerade, langweilig, Massenware. Eine wie die andere stehen sie in Baumkulturen und warten auf die Ernte, auf ihren Tod.

Hier gibt es das nicht. Längst ist hier das ganze Gelände Naturschutzgebiet. So stehen sie da. Und vielleicht zum Ausgleich für ihre Schmerzen beim Zerbrechen und ihre Geduld beim Geduckt-Werden hat der Herr der Kiefern ihnen nicht nur eine schöne, einmalige Gestalt gegeben, sondern auch eine wunderbare Aussicht. Sie blicken alle nach Osten, in die aufgehende Sonne, ins Licht. Überm Wattenmeer spiegelt sich das Morgenrot, weiches Silbergrau schimmert bei trübem Wetter, glänzende Eisschollen glitzern im Winter. Am Abend sehen sie ihre eigenen Schatten weit bis zum Schilfrand.

Andere Kiefern aber haben sich gleich geduckt, haben nicht erst versucht, in den Himmel zu wachsen. Sie bilden ein dichtes, oft nur meterhohes Gebüsch. Ihre Wurzeln zeigen armdick und silbergrau im gelben Sand, dass sie nur klein, aber dennoch alt und weise sind. Sie halten den Flugsand zusammen und beschützen alles, was unter und neben ihnen wachsen möchte: fahlgelbes Habichtskraut, goldfarbenen Hornklee, blaue Kugelblumen, rosa Strandnelken, graue Katzenpfötchen. Diese alle könnten nicht leben, wenn die geduckten Kiefern es ihnen nicht ermöglichten.

Und alle Kiefernarten blühen im Mai. Der Wind trägt den Duft und ihren Blütenstaub weit über die Heide, und du kannst eine der gelben Blüten schütteln und so den Samen ausstreuen. Im Sommer siehst du ihre Zapfen, fest und grün, manche stehen aufrecht, manche hängen. Im Spätherbst, wenn sie reif sind, fallen sie auf den Sandboden, spreizen in der Sonne ihre Schuppen und geben die kleinen Samen den Mäusen, Eichhörnchen und Vögeln. Vielleicht hoffen sie, dass ihre Samen aufgehen. Aber das ist nicht wahrscheinlich, und falls es doch einem gelingen wird, so würde er es nicht mehr sehen.

Doch sie wissen, dass sie ihren Sinn im Leben, in der Schöpfung haben. Sie ermöglichen anderen das Leben, geben anderen Schutz und Halt. Und wer sich gebeugt, geduckt oder sogar zerbrochen fühlt, der bedenke, dass er dennoch lebt und den Ausblick auf das Licht hat. Der HERR lässt nicht zu, dass seine Geschöpfe in den Himmel wachsen, aber belohnt mit dem Licht und dem Wissen, dass dieses Licht nie vergehen wird, auch wenn Nacht oder Nebel es für einige Zeit unsichtbar werden lassen.

Die drei Feen

Auf Sylt wachsen seit knapp 100 Jahren neben der kleinen, weißen einheimischen Syltrose die damals bewusst eingeführten Kamtschatkarosen. Sie stammen von der russischen Halbinsel Kamtschatka und sind sehr robust, unempfindlich gegen Sturm, Frost und Trockenheit. Sie schlagen tiefe Wurzeln selbst im unfruchtbaren Sand, und daraus sprießen viele neue Pflanzen empor. Sie sollten den losen Dünensand befestigen, und das tun sie noch heute. Dabei verdrängen sie angeblich die kleineren Syltrosen.

Im Klappholttal werden sie daher wie auch in anderen Gebieten Sylts stets zurückgeschnitten. Sie bilden zu beiden Seiten der schmalen Wege zwei Meter hohe Gebüsche voller rosa und weißer Blüten, deren Duft ab Mai die ganze Anlage erfüllt. Käme einmal eine Epidemie, die alle Mitarbeiter der *„Akademie am Meer"* ausrottete, so dass auch keine Gäste mehr kämen, so würden die Rosenbüsche vermutlich in wenigen Jahren alle Wege zuwuchern, die Eingänge zu den Häusern versperren, die Treppe zum Strand bedecken und das Zentrum, das *Haus Utland*, überwachsen wie einst die Dornenhecke im Dornröschenmärchen.

Die alte Rosenfee der Syltrose würde noch schmaler und schwächlicher, als sie jetzt schon ist in ihrem weißen dünnen Kleidchen und dem blonden, wirren Haar. Manchmal unterhält sie sich mit ihrer neuen Gefährtin, der üppigen Rosenfee, die ihr vor nun fast 100 Jahren zum ersten Mal begegnet war und sich höflich mit *„Maruschka"* vorgestellt hatte. *„Ich heiße Maria"*, hatte sie geantwortet, nicht gewusst, dass *„Maruschka"* auf Russisch auch *„Maria"* heißt, und hatte die robuste Schönheit in ihrem leuchtend dunkelrosa Gewand und den derben grünen Stiefelchen bewundert. Sie hatten sich die Hand gereicht, und Maria konnte sich noch an den Schmerz erinnern, den ihr der derbe Händedruck verursacht hatte. *„Wenn du allein bist oder nur wenige Rosen bringst, bist du hier willkommen"*, hatte sie gesagt. Maruschka lachte. *„Hier ist so viel Platz! Wir* *sind viele, da können wir nicht Rücksicht nehmen!"* Maria wollte antworten, aber die Neue hörte ihr gar nicht zu.

Später wurde sie noch unverschämter. Die Kamtschatkarosen hatten sich schon überall ausgebreitet, und ihre Früchte leuchteten orangefarben in der Sonne. *„Ihr könntet ohne uns überhaupt nicht mehr leben"*, trumpfte Maruschka auf. *„Schau mal, wie viele Hasen und Vögel von unseren Hagebutten leben! Und die Menschen pflücken sie eimerweise und kochen Marmelade davon."*

„Früher ging es auch ohne euch!", wandte Maria ein. Maruschka lachte: *„Früher! Die Zeiten ändern sich! Wir lassen dir ja noch ein bisschen Platz! Er reicht für uns beide!"* Maria antwortete nicht mehr. Sie hatte Angst, Angst vor dem Neuen, vor dem Wandel, Angst, teilen zu müssen, auf Gewohntes zu verzichten. Eigentlich stimmte alles, was die Neue sagte – war sie denn noch neu? Sie lebte nun schon mehrere Generationen hier. Und ihre Früchte ernährten wirklich viele Tiere und Menschen, und sie war auch tatsächlich nützlich: Sie hatte die Sanddünen

befestigt. Und sie war schön – schöner als sie selbst. Vielleicht mochte sie sie deshalb nicht? Maria wollte sich dieser Frage nicht stellen. Neue Einwanderer bleiben fremd und gefährlich – basta.

Eines Tages kam Maruschka auf sie zu und sah sie mit fremdem Blick an. War da ein bisschen Angst in ihren Augen? *„Stell dir vor"*, sagte sie, *„in Wenningstedt habe ich eine Rosenfee getroffen, die ich noch nie gesehen habe. Sie ist dunkelrot und hat einen seltsamen Rock an! Nein, nicht einen, ganz viele übereinander! Die Rosen sehen aus wie Kohlköpfe! Scheußlich! Und sie riechen aufdringlich."*

Maria war empört. Plötzlich war die fremde Maruschka zur Partnerin, Artgenossin geworden. *„Hat sie mit dir gesprochen?"*, fragte sie. *„Sie heiße Mirjam"*, berichtete Maruschka, *„und sie behauptet, sie sei älter als wir beide und komme aus dem Orient." „Orient?"*, wiederholte Maria. *„Wo ist denn das?" „Keine Ahnung"*, antwortete Maruschka, *„auf alle Fälle weit weg! Also gefährlich!" „Will die jetzt etwa Sylt erobern?"*, fragte Maria. *„Sie sagt, sie* *wohne schon immer hier, aber nur in den Gärten der Menschen." „So etwas Blödes!" „Ja, und sie hat keine Früchte!" „Was? Also nutzlos?" „Total! Die sollte man ausrotten!" „Oder wegschicken, dorthin woher sie gekommen ist!" „Wir wollen hier keine Fremden." „Keinesfalls!" „Da müssen wir zusammenhalten."*

So kamen sich die ganz alte Einheimische und die erst vor einigen Generationen Zugereiste im Streit über die ganz Neue näher.

Aber seltsam: Wenn du über Sylt wanderst, findest du in den Gärten dicke gefüllte Edelrosen an den Wegrändern kleines Gesträuch mit weißblühenden Syltrosen und überall hohe Büsche von Kamtschatkarosen. Und noch seltsamer: Alle sind schön, und alle gedeihen hier.

Der alte Stein

Wenn du vom Roten Kliff von Kampen am Strand entlang zum Klappholttal gehst, kommst du auf halbem Weg an einem fast drei Meter hohen Stein vorbei, einem sogenannten Findling. Zu seinen Füßen gibt ein Metallschild Auskunft, dass er hier *„gefunden"* wurde und dass geologische Untersuchungen ergeben haben, dass er vermutlich gegen Ende der letzten Eiszeit von einem Gletscher hier abgelegt wurde, der ihn vor etwa 20 000 Jahren aus dem hohen Norden hierhertrug. Nun wirst du dich sicher fragen, warum der Gletscher nur diesen einen Riesenstein brachte. Der Gletscher, der damals im Norden Felsen löste und in langsamen Tempo – er hatte etwa 10 000 Jahre Zeit dafür – mit sich brachte, trug auf seinem Rücken natürlich viele Steine bis nach Sylt: kleine, mittelgroße, große. Er hatte sie eckig und scharfkantig gefunden und im Laufe der Zeit immer sanfter geglättet, bis sie oval, flach oder rund geworden waren. Auch dieser Findling hier ist hochkant oval und glatt.

Man kann ihn streicheln und fühlt seine Oberfläche sanft und sonnenwarm.

Doch wo sind die vielen anderen Steine geblieben? Das Gletschereis war geschmolzen, auf dem Boden begannen Gräser und kleine Büsche zu wachsen. Das Meer war noch weit weg. Dann kamen vor etwa 5000 Jahren Menschen und sammelten die leichteren Steine ein, um ein Heiligtum daraus zu bauen. Den Riesenstein konnten sie nicht bewegen, deshalb benutzten sie ihn als Mittelpunkt. Die mittelgroßen Steine stellten sie aufrecht in drei Kreisen um ihn herum auf. Die kleinen fanden ihre Bestimmung in einer Art Straßenpflaster, das vom Mittelpunkt der Kreise in alle vier Himmelrichtungen führte. Die weiteste dieser Straßen zeigte am 21. Dezember genau auf die Stelle am Himmel, wo dann die Sonne aufging. Sonne ist Licht, ist Leben, und mit dem Stein-Mal wollte man sie ehren.

Dann zogen die Menschen weiter, die Steine der Kreise fielen nach und nach um, nur der große, nichttransportable Stein blieb stehen.

Das Meer kam näher, und andere Menschen siedelten sich an. Ihr Anführer ließ sich eine Burg, eine Festung bauen. Seine Gefolgsleute bargen die herumliegenden großen und mittleren Steine und bauten mit ihnen einen hohen Wall, den sie noch mit den kleinen Steinen befestigten, und um den großen Stein herum ließ der Anführer sich sein Haus erbauen. Hier fühlte er sich sicher. Doch auch er und seine Nachkommen starben oder wanderten aus. Im Laufe der Jahrhunderte verfielen sein Haus und der Wall.

Das Meer kam näher. Wieder kamen Menschen, diesmal in Booten mit Drachen-köpfen, die sich als Herrscher des Meeres fühlten. Sie bauten sogar ihre Häuser in Form von Schiffen. Die kleineren Steine sammelten sie ein und ordneten sie in einem Oval, das an beiden Enden spitz zulief wie ein Boot auf der Erde. Darüber legten sie Hölzer und Planen und Grassoden. Die mittleren und großen Steine verwendeten sie, um ihre Gräber zu bauen, denn diese sollten ja für die Ewigkeit halten. Einige stellten sie aufrecht in einem mehrere Meter langen Gang auf, große flache legten sie als Dach darüber und bedeckten das Ganze mit Erde und Grassoden, so dass sich über dem Bestattungsraum ein ganzer Hügel erhob.

Noch heute gibt es auf Sylt die Reste von etwa 360 solcher Grabhügel. In dreien davon hat man Grabbeigaben gefunden: Keramik, Waffen, Schmuck. Du kannst sie im Museum von Keitum besichtigen und das größte Grab, den Denghoog, in Wenningstedt besuchen und sogar hineinsteigen. Am 21. Dezember scheint die flachstehende Sonne in das Grab und erleuchtet am Ende einen großen Stein.

Nur unseren Riesenfindling konnten auch die Wikinger nicht vom Fleck tragen – er blieb unnütz stehen.

Auch die Wikinger starben aus, und das Meer kam immer näher. Die Menschen, die jetzt hier lebten, empfanden es immer mehr als Bedrohung. Es riss mit jeder Sturmflut große Teile der Küste ab. So sammelten sie alle Steine, die sie tragen konnten, auf und verbauten sie in Schutzwällen gegen den Ansturm des Meeres. In einigen Steinansammlungen erkannten sie Grabanlagen.

Um diese für die Nachwelt zu erhalten, transportierten sie mehrere ganze Grabanlagen weiter nach Osten und bauten sie dort wieder auf. Du kannst sie besichtigen, wenn du vom großen Findling aus nach Kampen durch die Heide läufst. Der große Stein blieb natürlich wieder stehen, er ist für jeden Zweck unbrauchbar

Vor 20 Jahren pflanzte man zwei Rosenstöcke neben ihn und schrieb auf ein Schild: *„Parkplatz nur für Hausgäste"*. Es führt jetzt eine Straße von Kampen hierher, und hinter dem Findling hatte man ein großes Ausflugslokal gebaut mit herrlicher Aussicht aufs Meer. Die *„Sturmhaube"* ist aber seit einigen Jahren geschlossen, soll allerdings irgendwann wiedereröffnet werden. Vielleicht erlebst du es noch. Dann kannst du den einsamen großen Stein sehen und betasten.

Kennst du das Wort vom Stein, den die Bauleute verworfen haben? Er wird auch dann noch da sein, wenn spätere Generationen hierherkommen.

Der Spurenleger

Wenn man am Strand entlangläuft, auf einer Seite das ewig anrollende und wieder zurückweichende Meer, auf der anderen Seite die sich auftürmenden Dünenhügel, so kann man dazwischen, auf dem glatten, feuchten Sand, Spuren entdecken und versuchen, sie zu entziffern. Da gibt es die kleineren, von Vögeln verursachten drei Zehen nach vorn, eine nach hinten, alle 15cm in den Sand gedrückt, vier oder fünf Meter schräg zum Spül-Saum hin, dann hören sie auf: Der Vogel war aufgeflogen.

Oder viele dieser kleineren Fußabdrücke laufen auf eine Stelle zu: Dort liegen noch Reste eines toten Fisches. Das Frühstück einer Möwenschar. Oder Schritt für Schritt blümchenhafte Abdrücke kleinerer Pfoten: Ein Hund ist hier gelaufen. Daneben Menschenfußeindrücke: Herr und Hund. Dann große Pfoten – ohne Begleitung eines Menschen. Die Spuren gehen im Zickzack zum Wasser, dann zurück zum Dünengürtel. Sie werden enger, weiter, zeigen, dass dort der Spurenleger ein Loch gekratzt hat. Dort ist er gerannt, hochgesprungen, hat sich gedreht. Wollte er einen Vogel fangen? Einen fremden Menschen erschrecken? Dann hören die Spuren auf - die letzte Flut hat sie gelöscht.

Einmal fand ich riesige Fußabdrücke wie von einem Kamel oder Elefanten und im Abstand von über einem Meter tief in den Sand gedrückt, etwa einen Kilometer weit entlang der Wasserkante, dann hörten sie auf. Rätsel ohne Auflösung. Der Mensch muss nicht alles verstehen – Neugier bleibt.

Als Kind legten wir absichtlich falsche Spuren in den frisch gefallenen Schnee. Wenn man sich gerade nach hinten fallen lässt und dann die Arme schräg nach oben in den Schnee drückt, sie etwas anhebt und ein wenig in Richtung Hüfte senkt und wieder in den Schnee drückt und das Stück für Stück wiederholt, bis beide Arme am Körper unten anliegen, dann vorsichtig aufsteht, um die Spur nicht zu zerstören, - was sieht man? Den Abdruck eines lebensgroßen Engels mit zwei großen Flügeln!

Spuren im Sand – da fällt wohl jedem der „Traum" von Margaret Fishback Powers ein, der so oft nacherzählt wurde, dass ich es auch tue:

Eine junge Frau lief am Strand entlang – früh morgens, allein, über von der Flut glattgespülten weiten Sand hin zu einem fernen Ziel. „Gott", rief sie übermütig, „Du willst mich doch begleiten auf allen meinen Wegen! Wo bist Du?" Und sie blieb stehen und sah sich um. Da sah sie ihre Spur im Sand, aber nicht nur diese. Viele andere hatten sich in den Sand geprägt, liefen neben der ihren: große Schritte, kleine, winzige Fußabdrücke. Manche gingen parallel zu ihrer Spur. Andere kreuzten sie, verloren sich in der Weite der Dünen, in den anrollenden Wellen des Meeres. Manche schienen aus dem Nichts aufzutauchen. Betroffen von der Fülle fragte sie leise: „Welches ist Deine Spur, Gott? Wenn Du mich überhaupt begleitet hast?" „Das wirst Du erst sehen, wenn du einsam bist", antwortete Gott.

Nach vielen Jahren fuhr die Frau wieder an den Strand. Es war ein trübgrauer Tag. Der

Sand lag unberührt vor ihren Schritten. Ihr Mann war gestorben. Die Kinder waren aus dem Haus. Sie war in Rente, kein Chef und keine Kollegen wollten mehr etwas von ihr. Ihre Freunde hatten eigene Sorgen. Nachdenklich schritt sie durch den hellen Nebel, lauschte auf die Brandung, auf Gottes Stimme. „Begleitest Du mich jetzt?", fragte sie wortlos. Sie dachte, sie sei allein. Und dann sah sie sich um. Neben ihren Fußabdrücken im feuchten Sand lief eine zweite Spur gleichmäßig fest neben der ihren. Da wusste sie, dass sie nicht allein war. Gott lief immer neben ihr. Getröstet fuhr sie heim.

Wieder vergingen die Jahre. Die Frau war nun alt. Sie hatte eine schmerzhafte Arthrose und konnte nur noch schlecht laufen. Dazu wurde ihr häufig schwindelig und sie musste sich auf ihren Stock stützen. Oft vergaß sie, warum sie in die Küche gegangen war oder das Telefon geholt hatte. Das Essen auf Rädern schmeckte ihr nicht mehr. Aber sie wollte noch einmal an den Strand und über den glattgespülten Sand laufen – und Gott fragen.

Mühsam schritt sie zum Wellensaum, aber dann ging es besser, als sie gefürchtet hatte. Langsam ging sie neben den sich weiß kräuselnden Wellen her der Ferne zu. Sie traute sich kaum, sich nach ihrer Spur umzusehen. Dann endlich tat sie es: Sie sah nur eine Spur. War sie alleine gegangen?

„Gott", sagte sie leise, „warum bist Du nicht mehr neben mir? Gerade jetzt hätte ich es kaum alleine geschafft." „Du hättest es alleine überhaupt nicht geschafft", sagte Gott. „Diese Spur ist die meine. Auf diesem letzten schwersten Abschnitt deines Lebensweges habe ich dich getragen."

Spuren im Sand. Es gibt nicht nur Fußspuren. Am Morsum-Kliff liegen tischgroße Findlinge, die durch jahrhundertelange Sturmfluten abgespült wurden. Einmal waren sie Teil von Wikingersiedlungen oder Gräbern hoch oben auf dem Kliff, Reste alter Kulturen, Spuren längst verstorbener vergessener Menschen.

Ich sehe noch andere Spuren: den Sand, das Meer, die Sonne, die Vögel. Alles sind Spuren, die Zeugnis ablegen von der großen Schöpfung, die Er im Anfang der Welt vollbrachte und bis heute vollbringt.

Sonnenuntergang

Im Klappholttal und wohl überhaupt auf Sylt gehen alle Gäste abends gern an eine Stelle, von wo sie zuschauen können, wie die Sonne im Meer versinkt. Im Klappholttal ist das die Brücke zum Strand, wo auf der Terrasse Bänke zum Verweilen und Schauen einladen, oder der Strand selbst, wo man Strandkörbe haben kann, die abends Schutz vor Wind und Kälte bieten. Wir haben oft mehrere davon im Halbkreis angeordnet und miteinander gesungen.

Ich war über 30-mal auf Sylt und habe also viele Sonnenuntergänge erlebt. Im Hochsommer ist das nach zehn Uhr abends, also nach den Sommerkonzerten im Ahlbornsaal. Im Winter geht die Sonne schon gegen 16 Uhr unter und in der übrigen Zeit dazwischen. Jeder Sonnenuntergang ist anders. Ich kenne Menschen, die schon Hunderte von Sonnenuntergangfotos haben – jedes ist anders. Ich weiß nicht, ob sie sich diese Fotos je ansehen. Für mich ist die Wirklichkeit schöner als die Konserve.

Es gibt ganz unspektakuläre Sonnenuntergänge. Der Himmel ist klar, wolkenlos, die Sonne fast weiß strahlend, also ohne Antwort. Sie sinkt immer tiefer, versinkt im Meer langsam und fast langweilig. Wenn sie verschwunden ist, ist der Himmel noch so hell wie vorher und bleibt so bis fast um Mitternacht.

Dann gibt es das Gegenteil: die dunklen Tage. Der Himmel ist gleichmäßig grau, wird immer dunkler, keine Sonne ist zu ahnen. Die Menschen bleiben in ihren Häusern, keiner sieht zu – und es gibt auch nichts zu sehen.

Aber dann die Zwischentöne, die Fotomotive: Blaue, schwarze und graue Wolkenschichten schweben am Himmel, und die Sonne durchläuft alle diese bedrohlichen Hindernisse. Ihr Licht färbt alle Schichten in Gelb, Weiß, Rot und Gold. Die schwarzen Wolken erhalten einen goldstrahlenden Rand, graue Wölkchen werden orange leuchtend, und dazwischen tritt die Sonne immer wieder selbst hervor, um dann in der nächsten Wolkenbank zu verschwinden und zuletzt im Meer. Manchmal kann man beobachten, wie das große rote Rund der Sonne unten abflacht, im Meer zum Halbkreis wird und bis zum Strand eine leuchtend rote Spur hinterlässt. Noch, wenn die Sonne selbst versunken ist, bleiben die Wolkenbänke rot oder golden, leuchten im Widerschein, vergilben erst später nach und nach, werden fahl und warten, bis im Südosten der Mond auftaucht und sich am hellen Abendhimmel kaum abhebt.

Ein besonders schöner Sonnenuntergang war für mich, als viele kleine grau-rosa Wolken von der Stelle, da die Sonne schon untergegangen war, nach Osten über den Himmel zogen und dort immer grauer und größer wurden, bis sie schließlich in einer dunklen Schicht verschwanden.

Doch dann wurde ich gewahr, dass es umgekehrt war: Aus der großen dunklen Wolkenwand lösten sich einzelne Wölkchen und strebten zur untergehenden Sonne, und je näher sie dem Abendrot kamen, umso goldener wurden sie selbst; umso deutlicher wurden sie Einzelwesen und waren nicht mehr Teil einer Masse. Sie wurden zwar immer kleiner, aber immer heller, bis sie mit der Sonne verschmolzen, sich auflösten in ihrem Licht und in ihrem Sterben mit der Sonne eins wurden.

Die Sonne selbst bewegt sich dabei nicht. Es sind ja die Wolken, die ganze Erde, die sich um sie drehen, von ihr Licht und Wärme, Leben und Ruhe empfangen.

Niemand bedauert es, wenn die Sonne im Meer versinkt, jeder weiß von ihrer Auferstehung, dass sie morgen wieder da sein wird – auch wenn wir sie nicht sehen, sondern Wolken unseren Blick auf sie versperren. Aber sie sieht uns, belebt unser Dasein, ist immer da mit ihrem Licht und ihrer Liebe. Sie überzeugt uns, dass es eine Auferstehung in das Licht der ewigen Sonne, ein ewiges Leben gibt. Der Tod hat keine letzte Macht.